賽馬會樂齡同行計劃
長者精神健康系列
個案分享集

又越過高山又越過谷

賽馬會樂齡同行計劃
長者精神健康系列
個案分享集

又越過高山又越過谷

沈君瑜、姚國燐、張淑嫻、陳潔英、
陳熾良、郭韡韡、黃麗娟、林一星著

賽馬會樂齡同行計劃
Jockey Club
樂齡同行計劃
JoyAge
Holistic Support Project
for Elderly Mental Wellness

策劃及捐助：

香港賽馬會慈善信託基金

合作院校：

HKU
SWSA

Department of Social Work and Social Administration
The University of Hong Kong
香港大學社會工作及社會行政學系

HKU
PRESS
香港大學出版社

香港大學出版社

香港薄扶林道香港大學

https://hkupress.hku.hk

© 2023 香港大學出版社

ISBN 978-988-8805-83-9（平裝）

10 9 8 7 6 5 4 3 2 1

亨泰印刷有限公司承印

目錄

總序

安享晚年，相信是每個人在年老階段最大的期盼。尤其經歷過大大小小的風浪與歷練之後，「老來最好安然無恙」，平靜地度過。然而，面對退休、子女成家、親朋離世、經濟困頓、生活作息改變，以及病痛、體能衰退，甚至死亡等課題，都會令長者的情緒起伏不定，對他們身心的發展帶來重大的挑戰。

每次我跟長者一起探討情緒健康，以至生老病死等人生課題時，總會被他們豐富而堅韌的生命所觸動，特別是他們那份為愛而甘心付出，為改善生活而刻苦奮鬥，為曾備受關懷而感謝不已，為此時此刻而知足常樂，這些由長年累月歷練而生出的智慧與才幹，無論周遭境況如何，仍然是充滿豐富無比的生命力。心理治療是一趟發現，然後轉化，再重新定向的旅程。在這旅程中，難得與長者同悲同喜，一起發掘自身擁有的能力與經驗，重燃對人生的期盼、熱情與追求。他們生命的精彩、與心理上的彈性，更是直接挑戰我們對長者接受心理治療的固有見解。

這系列叢書共有六本，包括三本小組治療手冊：認知行為治療、失眠認知行為治療、針對痛症的接納與承諾治療，一本靜觀治療小組實務分享以及兩本分別關於個案和「樂齡之友」的故事集。書籍當中的每一個字，是來自生命與生命之間真實交往的點滴，也集結了2016年「賽馬會樂齡同行計劃」開始至今，每位參與計劃的長者、「樂齡之友」、機構同工與團隊的經驗和智慧，我很感謝他們慷慨的分享與同行。我也感謝前人在每個社區所培植的土壤，以及香港賽馬會提供的資源；最後，更願這些生命的經驗，可以祝福更多的長者。

計劃開始後的這些年，經歷社會不安，到新冠肺炎肆虐，再到疫情高峰，然後到社會復常，從長者們身上，我見證著能安享晚年，並非生命中沒有起伏，更多的是在波瀾壯闊的人生挑戰中，他們仍然向著滿足豐盛的生活邁步而行，安然活好每一個當下。

願我們都能得著這份安定與智慧。

香港大學社會工作及社會行政學系高級臨床心理學家
賽馬會樂齡同行計劃計劃經理（臨床）
郭韡韡
2023年3月

前言

有關「賽馬會樂齡同行計劃」

　　有研究顯示，本港約有百分之十的長者出現抑鬱徵狀。面對生活壓力、身體機能衰退、社交活動減少等問題，長者較易會受到情緒困擾，影響心理健康，增加患上抑鬱症或更嚴重病症的風險。有見及此，香港賽馬會慈善信託基金主導策劃及捐助推行「賽馬會樂齡同行計劃」。計劃結合跨界別力量，推行以社區為本的支援網絡，全面提升長者面對晚晴生活的抗逆力。計劃融合長者地區服務及社區精神健康服務，建立逐步介入模式，並根據風險程度、症狀嚴重程度等，為有抑鬱症或抑鬱徵狀患者提供標準化的預防和適切的介入服務。計劃詳情，請瀏覽 http://www.jcjoyage.hk/。

有關本分享集

　　請留意，此書乃個案分享集，當中引用的心埋治療只作分享，不宜視之為治療手冊。

認知行為治療簡介

甚麼是認知行為治療？

認知行為治療（Cognitive Behavioral Therapy, CBT）是一種具臨床實證的心理治療手法，被廣泛應用於不同情緒與精神疾病的治療當中（Amick et al., 2015）。National Institute for Health and Care Excellence（NICE）對於抑鬱症治療的臨床建議，把個人及小組形式的認知行為治療列作推薦的臨床治療方法之一（National Institute for Health and Care Excellence, 2022）。臨床研究亦證明認知行為治療用於長者抑鬱症上都有效用（Jayasekara et al., 2015）。

認知行為治療提出，由於個人在成長時不同的因素與經驗，於是對自己、他人及世界建立了一套見解，或稱作核心信念與規條。這些核心信念與規條，會讓人在不同處境下產生相應的想法或理解、行動、身體反應，以至情緒。所以認知行為治療主張個人因為理解事情的方式與角度不同，儘管處境相同，不同人也可以產生不同的情緒、行為和身心反應。同時，個人當刻的身體反應、行為和思想也會互相影響，慢慢變成一個循環，維持著相應的情緒與核心信念。

當長者出現抑鬱情緒，認知行為治療會去理解他在事件中的想法、行動和身心反應。很多時候，過分強烈的負面情緒，可能是源自一些過於負面或先入為主的思考模式，再加上不適切的行為，例如過分退縮，會更易令情緒反應加劇，結果造成惡性循環，令長者的抑鬱情況持續。針對此情況，認知行為治療會從思考模式與行為作出介入，從而改善情緒狀況。治療過程中，工作員會與長者一同認識影響情緒的因素，建立積極健康的思考模式與行為，以及學習新的方法去紓緩情緒、減少沒有幫助的行為等。藉著這些介入，打破令長者抑鬱持續的惡性循環，並在創造新經驗的同時，讓他體驗到處境雖然未必可以改變，但改變心境與行為，仍能有效改善情緒與生活狀態。

個案 1

忟憎虹姐扭計夫

虹姐今年84歲，曾經
是長者中心的義工，
因為照顧患認知障礙
症的丈夫，現在已經
很少去中心。

介入方式：認知與行為治療(情緒)

主角 「為了照顧丈夫，我已經沒有機會參加任何外出活動！」

虹姐今年84歲，曾經是長者中心的義工，因為照顧患認知障礙症的丈夫，現在已經很少去中心。

雖然家中有傭人，丈夫也正接受家居照顧服務，兒子更分擔部分照顧工作，但虹姐認為自己有責任打理丈夫的日常起居生活，所以花了大部分時間在丈夫身上。然而，丈夫重重複複的發問，作為照顧者的虹姐感到煩厭和失落，承受了不少壓力，甚至親口說：「我很不開心！」

社工 「虹姐需要一些照顧自己的時間及安靜思考的空間。參加認知行為治療小組正正能幫助她。」

虹姐曾經去精神科求診，但覺得藥物無法幫助自己解決情緒問題。在丈夫的綜合家居照顧服務團隊的轉介下，虹姐到中心尋求專業社工幫助。鄒姑娘回想第一次見到虹姐時，感覺她很緊張，語速極快，呈現呼吸困難的狀況，於是即時教她做鬆弛活動（relaxation）、呼吸法和身體掃描法，才能繼續傾談。

社工鄒姑娘形容虹姐是一個說話急促、句子間沒有停頓，而且情緒起伏大的人。而丈夫不時問一些日常瑣事，對虹姐造成不少困擾和壓力，再加上憂慮，令她身心無法負擔。虹姐每次見到社工鄒姑娘，都會不住地訴苦。雖然如此，鄒姑娘認為虹姐只要平伏情緒，便可展現其反思及學習的能力，所以邀請她參與認知行為治療小組。

起初，面對新的環境及壓力，虹姐變得緊張及易怒，難於思考和全情投入小組。除了承受身為照顧者的壓力之外，虹姐也擔心自己的身體。其中一節小組，導師講解「身、心、思、行」

的相互影響，並提及壓力會增加患癌的機率時，虹姐即時身體僵硬，並向鄒姑娘表示感到不安。課堂後虹姐更向姑娘表達自己無法動彈，不能自行離開中心，甚至害怕會跌倒。面對虹姐出現極度焦慮的情況，鄒姑娘先安撫她，然後提醒她運用學過的呼吸法技巧去紓緩壓力。其後，虹姐慢慢回復平靜，放鬆肌肉，手腳才能活動自如。自此之後，虹姐經常自發練習呼吸法，並向姑娘分享成效。

「姑娘！我記得！我總有『嘢』得！」

參與小組後，虹姐在處理情緒方面已經有很大的進步。除了主動練習呼吸法和上堂發問之外，虹姐每次上堂也會遞交「情緒溫度計」，留意並記錄自己的情緒。不過，虹姐仍會困於思想陷阱裡，將所有照顧的責任「攬上身」。後來經姑娘的引導及提醒，虹姐開始欣賞過往照顧家人的點滴，感恩身體尚好，仍有能力照顧丈夫，不用送他入老人院。

雖然虹姐在小組中是進步最快、吸收能力很高的一位組員，但她實踐小組內容的持續性卻不高，需要姑娘不時提醒她「停一停，諗一諗」，以冷靜情緒和照顧自己，並安排獨處時間及減壓。虹姐不時會說：「佢（丈夫）呀，又搞（煩住）我呀！」姑娘聽後，一方面告訴虹姐要明白丈夫不能控制自己，也不懂得運用呼吸法，另一方面提醒她的人生路可以走到今天，必然「總有嘢得」！虹姐於是學會鼓勵自己「我總有『嘢』得」，也願意安排時間予自己參加中心活動，以改善情緒。

「許多照顧者和虹姐相似，一直聚焦於家人的健康，卻忽略關顧自己的身心靈需要。」

鄒姑娘指長者遇到問題時會希望有人幫忙解決，其實只要他們願意求助，社會是有資源去幫他們的，獲得救助並非難

事。跟其他照顧者一樣，虹姐在照顧家人之餘，也應該好好照顧自己。參與認知行為治療小組後，虹姐開始有空間去思考情緒、思想及行為之間的關係，並學會整理自己的情緒，好好照顧自己，從而有力量好好照顧家人。

除了個案得益之外，本身是照顧者的鄒姑娘也有所得著。她曾因為焦慮和緊張，導致身體出現問題。鄒姑娘現在也懂得提醒自己放慢腳步，除了關顧其他人之外，也要記著「活在當下」，才可以減低焦慮。

個案概念化

因照顧壓力而生的悲劇時有聽聞，大眾開始對照顧者的處境有更多的了解。照顧者面對的壓力多樣且多變，壓力固然來自實際照顧的要求，例如體力、時間、金錢，以至疾患需要照顧的程度、資源與支援，同時也來自心理與情緒的負擔，例如失去自己的私人空間及生活模式、減少社交及娛樂、睡眠質素下降、心理上精疲力竭、憂慮將來身體的變化、與患者衝突增加、感覺與被照顧者處於「單打獨鬥」的狀態等。在長期照顧下，這些壓力是需要生理和心理極大的適應與排解。尤其在中國文化背景底下，當家人患病時，其他成員會期望自己可以出心出力，親自照顧好對方。然而，這容易變成照顧者過度僵化的一種思考與處理方式，變相成為彼此生命的緊箍咒。當壓力增加而照顧者又找不到更有效的應對與排解方法時，抑鬱與焦慮的徵狀就更易出現（Shi et al., 2020）。

當長者同時是照顧者時，他們面對的挑戰更大。當中包括自身身體狀況的限制、缺乏對社區資源的運用、對患者本身疾病的不理解、對自己作為照顧者責任的要求、不希望影響下一代而獨力承擔、缺乏精神健康的意識，以及沒有相應有效的紓緩情緒的方法等，也令年長照顧者有機會出現情緒困擾。在虹姐的情況中，我們也看到典型的照顧者在心理上有因處於兩難而生的壓力。

虹姐的先生因為患認知障礙症，做出一些重複性的行為。對於虹姐來說，她不理解認知障礙症的特性，容易把先生的行為表現，例如重複提問，理解成丈夫故意找她麻煩、針對她。這也是其他照顧者容易出現的情況，在不理解病患本身的特性時，很自然會理解這些行為是對方的問題。從認知行為治療的角度去理解，這個人化（personalize）的思考方式，往往令當事人的情緒困擾加劇。所以當虹姐把先生的行為理解為「又搞我」（即認為先生是故意）時，情緒自然變得煩厭和惱怒。更重要的是，虹姐認為先生有能力控制自己的情緒和行為，所以她渴望改變先生，可惜結果反而讓雙方相處時更容易產生衝突。同時，作為照顧者，虹姐對自己有一定的期望。儘管已是84歲高齡，也有傭人和兒子去照顧先生，但作為太太的虹姐卻抱著中國人的傳統觀念，仍很想凡事親力親為地照顧患有認知障礙症的先生。因此，虹姐花了大部分時間照顧先生，卻忽略自己情緒的需要，也缺乏給自己喘口氣、放鬆身心的時間。這種把責任「攬晒上身」（即全部承擔）的期望與思考方式，無形中造成了一個惡性循環：虹姐一方面認為自己整天留在家照顧先生，失去了自己的私人時間而壓力大增；另一方面又會因為與先生不停衝突而感到無助與失控（loss of control），甚至形成打沉自己（self-defeating）的想法，覺得自己失敗。認知行為治療認為，人的思想、情緒、行為與身體反應是相互牽連的。當虹姐思想上長期把照顧責任「攬晒上身」、誤解先生的行為，但又缺乏解決方法和紓緩情緒的方式時，這樣的惡性循環會影響情緒，令壓力、失控感積存在身體與情緒當中，最終令虹姐出現極度焦慮的身心反應。

雖然認知行為治療很多時給人的感覺，是著重調整想法，但其實它的理論強調思想、身體、情緒、行為四個部分是互相牽連的，並且形成循環，維持了相應的情緒反應。因此改變其中一個部分，也會帶來其他部分的改變。在接觸虹姐的過程中，鄒姑娘留意到她出現了焦慮的身心反應。一方面，災難化與「攬晒上身」的思想模式，固然影響情緒與身心反應；另一方面，情緒很多時與相應的思維連繫，負面情緒容易令人產生更多負面想法。當虹姐的身心處於極度焦慮時，她未必能夠仔細地從不同角度去

考慮事情，反而只會因焦慮而將事情災難化。而正因為情緒與思維相連，先處理身體反應，例如做呼吸練習，有助平伏情緒，繼而擴闊思維，當強烈的情緒平伏之後，思考的能力與彈性便會有所提升。所以當鄒姑娘留意到虹姐出現惡性循環以及強烈的身心反應，便開始教虹姐鬆弛練習，讓她可以紓緩當刻的身心反應，穩定情緒，從而打破惡性循環。當情緒狀態開始穩定下來後，虹姐的思考彈性也會隨之增加。

對於很多長者來說，新的具體經驗更易帶來思維上的轉變。治療過程本身自然會帶來新的經驗，更會在心理層面帶來轉化。例如在日常生活中，即使討論一些擔憂的事情，虹姐也可以運用鬆弛練習，學習照顧自己的身體，讓情緒慢慢過渡，學會感受當下，並且著眼當前的事情，從根本減少焦慮。另外，虹姐前來參與小組，必然要放下先生才出門，這個經驗亦幫助虹姐反思，照顧先生是否代表自己真的要將所有事情「攬晒上身」。當虹姐在小組中得到休息和有自己的空間後，她便會有更好的心理狀態，令她在照顧先生時有正面的改變。這樣會增加虹姐的動力，讓她更願意回應自己的需要，安排獨處時間及減壓活動，讓身心思想和行動也朝著正面的方向進發。

當虹姐身心情況穩定，再加上對自己及處境的掌控增加，回復思考彈性，就更願意和容易看到自己的能耐以及先生的限制。對於照顧者來說，認識患者的病情是非常重要的。鄒姑娘向虹姐講解認知障礙症的特性，有助減少她誤解丈夫的行為。另外，面對無法逆轉的病情時，照顧者很容易會感到無能，陷入「打沉自己」的思維模式之中。鄒姑娘引導虹姐回顧和學習欣賞自己，懷著感恩的心去思考和理解現況，這有助擴闊她覺察生命中的資源和優勢，增加安全感，以及肯定自己的付出。虹姐信任鄒姑娘，也令她更願意嘗試以另一個角度思考，相信自己「我總有『嘢』得」。

鄒姑娘先從虹姐的身體反應著手，讓她增加掌控感，再從認識病患的特性，以及過去正面的經驗，幫助她改變思維模式，又在生活中增加新的體驗，強化正面循環。然而這一切的開始，是因為虹姐覺察自己的情緒問題和渴望改變，願意和主動接受鄒姑娘的輔導，可說是虹姐極大的優勢。

個案 2

坎坷過後見「美景」

美景今年70歲，兒時因母親改嫁，和婆婆相依為命。婆婆在美景12歲時過身，頓時令她沒有了依靠，惟有投靠母親，並在其改嫁的家庭生活，當傭人的角色。這種「家庭關係」令美景十分傷心，因為她只能稱呼母親為阿姨，並擔起照顧弟弟的責任。

介入方式：認知與行為治療(情緒)

主角 「姑娘，我們還可以見到幾多次面？」

美景今年70歲，兒時因母親改嫁，和婆婆相依為命。美景12歲時婆婆過身，頓時令她沒有了依靠，惟有投靠母親，並在其改嫁的家庭生活當傭人的角色。這種「家庭關係」令美景十分傷心，因為她只能稱呼母親為阿姨，並擔起照顧弟弟的責任。美景不能與家人同桌吃飯，也沒有機會讀書，更曾因為沒有照顧好弟弟而被「阿姨」責備及毆打，令她萌生自殺的念頭。

童年不愉快的經歷，促使美景很早就進入社會工作，遇上第一任丈夫，並育有二女。雖然發現丈夫有婚外情，但美景卻待女兒長大後才離婚。美景未有與女兒解釋自己的苦衷，所以女兒對她的決定大惑不解。女兒的誤會，讓美景感到很傷心。後來，無論是她遇上財務困難或是早年曾中風，也是獨自承受，情緒大受打擊。

經歷至親離世、離婚及中風等創傷經歷，令美景長期有抑鬱的情緒。當抑鬱情緒「無緣無故」地來襲時，她會形容自己像經歷海嘯般被情緒吞噬，拒絕與任何人接觸。美景對離別容易產生被拋棄的感覺，因而擔憂是次服務有限期。無論是初次或輔導期間見到社工張姑娘，她也會經常問：「服務是否差不多要完結？能再見幾多次？」

 社工 「美景習慣迴避自身情緒，甚至未釐清思想和情緒的關聯。」

與社工接觸初期，美景甚少表達自身情緒。被問及想法和情緒如何時，她以「無問題」回應。在家庭和職場上，美景曾遭不公平的待遇，於是不太相信人。美景提及小時候「阿姨」不准她哭泣，所以她只在洗澡時哭泣，連淚痕也不讓人看到。她擔心顯

露自己的真實情緒會帶給別人麻煩，也擔心對方會如何看待自己。美景甚至因害怕自己不由自主地哭，所以寧願不接觸情緒，而工作員需要以更多的時間和心力去建立彼此的信任，創造更多交流空間。因著工作員的用心和堅持，讓美景體驗不同的經歷，她才慢慢卸下裝甲，嘗試顯露自己的情緒及分享感受。

「姑娘，不用將《生命故事書》分享給我的女兒，她們是不會感興趣的！」

除了進行個案輔導外，美景參與認知行為治療小組後，主動分享自己察覺到的情緒變動，並向姑娘了解如何紓壓等細節。有見及此，張姑娘建議美景將自己的心路歷程寫在《生命故事書》中，並與女兒分享。開始時，美景認為自己的經歷不值得記下來，更認為女兒對她的故事不會感興趣。張姑娘發現美景跌進了思想陷阱，於是與她一起思考和梳理《生命故事書》的意義、女兒可能的反應等。經討論後，美景察覺到自己經常哭泣的根源，是因為無法經常見到最愛的女兒。所以，經姑娘的鼓勵，美景決定與女兒分享《生命故事書》，以表達對女兒的愛，並告訴她們：「媽媽沒有拋棄你們。」因為這個決定，美景大大修補了與女兒的關係。

「童年的經歷將如何影響人與人的相處及增加長者患抑鬱症的風險？」

張姑娘形容美景由迴避情緒到願意分享，再到情緒察覺和減壓，應歸功於治療小組同工和她本人的努力。雖然美景的童年經歷或為她埋下負面情緒的種子，令如此堅強的她也難以梳理和面對情緒，但她的堅毅卻讓張姑娘十分敬佩。美景在如此坎坷的童年背景下成長，以及在相對年輕時曾經中風，即使不良於行，也積極投入義工服務。而美景對女兒的愛讓她能勇敢地分享，也令張姑娘感動。張姑娘希望藉著美景的個案展示出童年經歷對人的影響，以及生命是如何影響生命。

個 案 概 念 化

　　美景童年有一段不愉快的經歷，被生母拋棄後交由外婆照顧，然後再投靠生母的再婚家庭時遇到許多不公平待遇，令她從小就對人有戒心。後來加上婚姻不愉快的種種經歷，有機會令她產生一些對自己和他人的**核心信念**：（對自己）我是不可愛的／我是個負累；（對他人）其他人會傷害我／其他人會拋棄我。由於這些信念，為了生存下去，美景亦衍生了對自己的要求和應對別人的**規條**：（對自己）我不帶給別人麻煩，別人就不當我是負累了；我自己擔起一切，不打擾別人，別人就不會拋棄我了。（對他人）別人不可信，他們都是會傷害我的。

　　美景在這個背景下成長，有以上的信念是可以理解的，但這些對自己情緒不健康的信念和規條，也在不同情況下衍生不同的問題和情緒。以一棵樹作譬喻，**核心信念就是樹根，規條是樹幹，負面思想就是樹枝。鑑於一直以來的成長經歷，令核心信念變得根深蒂固，形成「樹根」。而因為這些信念令人不好受，為了避免不好受的信念變成真實，人的自我保護機制便會產生一些規條出來，於是長出「樹幹」來增加生存的機會。這些規條會令人產生錯覺，以為這些規條在保護我們，但現實卻長出了代表各種各樣負面思想的「樹枝」。**

介 入 模 式

　　張姑娘接觸美景初期，知道她因為不願意接觸情緒，以致未能幫助她釐清情緒背後是負面想法在作祟，於是便安排她先加入認知行為治療小組，讓她可以觀察自己的思想、情緒與行為的關係，並自由選擇分享與否。起初，美景向別人分享情緒時感到壓力，但見到其他組員也願意分享時，這個壓力便慢慢消除了。

　　張姑娘的介入可分為兩個層次：（1）接觸美景與她建立深厚（專業）關係；（2）透過認知行為理論協助美景釐清思想和情緒的關係。

美景的童年創傷，以及不愉快的婚姻與職場經歷，有機會導致她產生「別人是不可信的，過多接觸容易令自己受傷害」的信念，於是對人有一種防範心。這種防範心主要是出於保護自己，但容易拒人於千里之外。每一次接觸新同工，對美景來說也是一場博弈，畢竟要把自己的故事與傷痛之處跟陌生人分享，需要很大的勇氣。所以，張姑娘用了許多時間和心力，希望以關懷打動美景，令她重新相信人，將不信人的信念慢慢消除，「融化」她心裡那道高牆。其實，助人者與受助者之間具備互相信任及安全的關係，比起任何輔導技巧更為重要，能為之後的輔導奠定基礎。

　　張姑娘的堅持和關懷得到美景的信任，讓她覺得跟張姑娘傾訴是安全的，而且治療小組後美景了解到情緒跟想法有莫大關係，於是開始願意接觸情緒，跟張姑娘談及情緒了。美景形容自己的情緒有時候會無緣無故地變差，像海嘯般襲來，這個時候她會拒絕見任何人，包括女兒也不見。張姑娘便跟美景解釋，事出必有因，情緒海嘯來臨前，一定有原因。從前美景並不習慣跟人傾訴，所以未能了解她情緒變差的原因。在團隊探究下，估計她情緒變差的觸發點是跟人際關係有關。同時，我們藉此向美景講解情緒跟思想的關係，並估計她可能在情緒海嘯來臨的前夕跌入了思想陷阱。

　　經了解後，美景察覺自己經常會跌入「妄下判斷」的思想陷阱裡。美景與他人相處時，習慣將事情往壞處想，並認為自己的判斷是對的。例如她覺得收到很久沒有聯絡的親友慰問時，會判斷他們一定是不懷好意，於是便不回覆訊息。另外，張姑娘鼓勵美景將自己的故事向女兒分享時，她也斷定女兒不會對自己的故事感興趣，便初步決定不向她們分享。張姑娘於是跟美景分析她的這些想法有沒有其他可能性、會不會對她的心情有壞影響，又或者會不會讓她跟愛的人越走越遠。其實，很久沒有聯絡的親友可能只是出於關心想慰問一下美景，而她的女兒也有可能對母親的故事感興趣。我們一同幫美景理解過早判斷的習慣，是因為過往的經歷令她害怕與人相處，不想自己再受傷，便選擇避開與人建立關係。可是，過早的判斷也令她跟其他人的關係沒空間去修補，於是維持內心孤獨的狀態，久而久之，壞的情緒積聚便可能造成情緒海嘯了。

　　張姑娘跟美景討論她之所以出現情緒海嘯的原因，可能是她習慣任何事情都往壞處想，把很多事情扛在自己身上，甚至擔心負面情緒影響到別人而把情緒收起。又問及她分享自己的情緒時，最害怕分享甚麼內容，原來是別人拒絕甚至拋棄她。然後，問到美景在小組裡以及跟自己見面時談情緒，感覺又是如何的，她回應並沒有想像中那麼可怕。

　　美景後來發現，就如張姑娘所說，每當情緒海嘯出現時，便知道自己已跌入了思想陷阱裡。於是，她會跟自己說即使已跌入陷阱，換個想法跳出來便行了。當她感到擔憂緊張時，她也學懂應用放鬆技巧。現在的美景已經能夠應對負面情緒，甚至知道該如何處理。

　　至於《生命故事書》，美景也意識到自己可能過早判斷女兒的看法，所以最後決定跟女兒分享她豐富的故事。分享後的結果大大出乎美景的預料之外，女兒看了她的故事後，知道一直誤會了媽媽，所以母女的關係得到改善。這個改變令美景創造了正面的經驗，而且影響深遠，可以說關係裡所造成的傷害，也因著關係的改善而修補，最終她的情緒好起來了。接受認知行為治療後，美景的情緒海嘯再沒來得那麼頻密，她也深深體會到，原來自己在思想上的改變，可以帶來這麼大的影響。

接納與承諾治療簡介

甚麼是接納與承諾治療？

接納與承諾治療的英文是Acceptance and Commitment Therapy，縮寫為ACT。ACT有「行動」的意思，也是較新興的心理治療法之一。ACT不僅是採取行動，更是以價值導向為本的行動。ACT旨在幫助個人釐清自己的價值觀，認清甚麼是對自己此刻真正重要及有意義的事情，並彈性地採取與該價值觀一致的行動。ACT教導人們接納自己無法控制的事情，跟一些不想要的負面想法和情緒保持距離，最後承諾自己去做一些令個人生活更豐盛的行動。

隨著年紀漸長，身體難免出現一些小毛病，有些長者甚至長期受到痛症問題困擾。長期痛症不僅影響個人身體機能和活動能力，還會令人在情緒方面受到不同程度的影響。很多時候，一旦疼痛出現，長者會用盡辦法去解決，認為只有減輕疼痛才能有更好的生活。久而久之，疼痛不但沒有減輕，反而使他們感到煩厭、沒心情，甚至沒心機，即使生活上有想做的事，也會變得沒有動力去做。

如上所述，接受與承諾治療的英文縮寫是ACT，意思是「付諸行動」，而整個治療的重點是，無論我們的生活遇到甚麼難關，即使不能即時解決，但透過ACT的過程，我們可以學習如何接納這些難處和難受的心情，同時承諾自己會為著自己想過的生活或重視的事情，願意繼續前進和實踐，從而達到豐盛完滿的生活。

個案 3
阿娟媽的曲直人生

2020年6月，張姑娘初次接觸在中心領取檢測包的阿娟。76歲的阿娟除了取快測包之外，也登記了做中心會員，並在填寫健康狀況問卷後時不時流淚，姑娘便進一步了解她的故事。

介入方式：認知與行為治療(情緒)

主角 「我好命苦，成世人都冇享過福。」

2020年6月，張姑娘初次接觸在中心領取檢測包的阿娟。76歲的阿娟除了取快測包之外，也登記了做中心會員，並在填寫健康狀況問卷後時不時流淚，姑娘便進一步了解她的故事。原來早於20年前，阿娟的大女兒及丈夫先後離世，而大兒子長居內地公幹，只剩下小兒子與她相依為命。可惜於2020年3月初，小兒子突然失蹤，幾天後她收到警方通知在山邊尋獲小兒子的物品，但小兒子下落不明，懷疑已自殺身亡。

社工 「阿娟沒有機會去釋放情緒，正陷入一個惡性循環。」

自從小兒子失蹤後，阿娟經常會忍不住流眼淚。由於不懂如何釋放情緒，除了哭，她還會拍打餐桌發洩，導致手掌經常變得紅腫。由於阿娟總是怪責自己「條命很苦」，心中暗暗認定覺得自己有份「剋」到家人，加上傳統觀念覺得家庭應該要一家人齊齊整整，家中的不幸令阿娟覺得很丟臉。這樣的想法和羞愧，令她不曾向親戚或好友分享家中巨變，只對外宣稱大女兒和小兒子早已移民海外。阿娟也怕鄰居問起小兒子的行蹤，所以減少外出，避免與他人接觸。結果阿娟變得更孤立，只有電視聲才令她感受到自己的存在，而經常留在家中也加劇了她身體的不適與疼痛。張姑娘當時接觸的阿娟，正正陷於這個負面循環，被「命苦」與羞愧「囚困」，獨自面對無盡的痛苦念頭和情緒。

因此，張姑娘希望藉著介入，與阿娟跳出這樣的「囚牢」。見面初期，張姑娘會讓她分享及抒發情緒，甚至嘗試鼓勵她多到中心跟義工傾訴，希望能夠擴闊她的社交圈子。但阿娟經常以「無

心機」來推卻義工的探訪。慢慢地，張姑娘留意到阿娟經常把「我是一個命苦的人」掛在嘴邊，了解到問題的癥結可能是阿娟被這個想法糾纏著，所以令她覺得羞愧，也對生命感到無助和徒勞無功，甚至失去改變的動力。

 ## 「阿娟十分堅強，讓她嘗試就能找回自身擁抱的價值和作出行動。」

留意到這情況，張姑娘於是嘗試與她探討「我是一個命苦的人」這個想法的意義，及對她的影響。在阿娟的年代，女人普遍育有多名子女，家庭的凝聚力很重要，因此丈夫、子女們的離開對她有莫大的傷害。在沒法歸因任何事時，只好歸究自己，至少還有一個可埋怨的對象。然而，在如此艱難的生活裡，阿娟仍然能夠抱著一份自救的心，懂得尋求社區支援和堅持過好日常生活。在這份堅韌、積極的態度背後，阿娟的內心原來有一個更重要的價值——「做人要正直，要好好過日子」。雖然曾因堅守這個價值而得到上司的賞識，讓她感到十分自豪，但她也明白要堅守這個價值的同時，難免生活上會遇到很多不容易的地方，甚至會被周遭的人為難，例如受到同事的刁難或杯葛。儘管如此，她仍然盡力堅持正直做人，光明正大好好過日子。

這些年來，阿娟雖然失去很多，但即使再給她選擇的機會，她也會堅守「正直為人」的價值，她深信子女也擁抱著相同的態度與價值觀。重新掌握這份堅毅和正直不柯的特質，令阿娟不再只囚困於「我是命苦」的自我定義與限制，反而多了一份彈性，可以選擇用她與孩子們共有的這份信念作原動力，光明正大的好好活下去。為了讓阿娟能夠彰顯她重視的價值觀和主動求助的人生態度，當阿娟身心情況穩定後，張姑娘特地邀請她作小組的演講嘉賓，分享自身經歷給初出茅廬的年輕

人。雖然阿娟起初對分享有所卻步，後來卻主動詢問分享的時間和細節，積極預備。

張姑娘認為此個案具有象徵性意義，每個人也有機會遇到阿娟的痛苦，希望透過她的經歷，告訴大眾當面對重大的困難或負擔時，可以重新調整，像阿娟一樣找回強而清晰的價值觀，從而找回生活的動力與重心，走出困局。

個案概念化

在阿娟的例子中，可以從接納與承諾治療的角度去理解，尤其是對心理彈性中的認知糾結（cognitive fusion）、自我概念（self as content），以及不明確價值觀的轉化。

傳統中國社會以家庭為重，以丈夫為中心，「男主外、女主內」觀念深厚。男的外出工作賺錢養家，女的在家負責打理家務和照顧兒女的起居飲食。那個年代出生的中國人，絕大部分人有著這樣的價值信念，甚至變成僵化的規條，對於阿娟來說也不例外。她為人正直公平，跟丈夫含辛茹苦養大三子女，只要抱著「為家庭、為子女」的信念，儘管生活再艱苦，阿娟仍然覺得是值得的。好不容易等到子女出身，以為終於可以與丈夫一同享受「兒女福」時，丈夫和大女兒在自己50多歲時先後離世。當本身是以「為家庭、為子女」的價值信念去生活的阿娟，這些連續不幸的事不只令她情緒逐漸轉差，更易因傳統家庭價值的僵化，形成認知糾結（cognitive fusion），令她覺得不齊整的家庭就是羞恥，而為了逃避此感受（experiential avoidance），阿娟只能隱瞞，令生活變得既孤獨又苦悶。這樣的生活，再加上小兒子突然失蹤，進一步加深阿娟「我就是命苦」的自我概念（self as content）。這樣的自我概念不但欠缺彈性，還不知不覺令阿娟出現更多的認知糾結，把所有負面的經歷都「攬上身」，歸咎於「命生得唔好」，陷於這樣的自我概念中，令阿娟感到更無助和無望，對生活失去重心和價值方向，行動也只是為逃避別人而行，令情緒受到極大困擾。

　　當張姑娘開始與阿娟探討「我就是命苦」的想法對她的影響時，這有助阿娟開始與這信念增加距離，可以與此時此刻生活連結（connect with present moment），檢視當下處境，這已是脫離糾結（cognitive defusion）的開始。另外，跟張姑娘分享時，也讓阿娟可以慢慢接觸哀傷背後的思念與過去生活的點滴，減少羞愧，同時可更整全地去尊重親人的生命。更重要的是，阿娟在介入的過程中找回「做人要正直，要好好過日子」的價值觀。這價值觀在很多艱難的時刻支撐著阿娟，也令她有動力作出相應的行動，幫助自己。這價值觀還有另一個重要性，就是阿娟深信這也是兒女所擁抱的信念，所以在實踐這價值觀的同時，也體現了阿娟另一個重要的價值觀，就是在這層面上「與兒女保持連繫」，也是另一種承傳。所以當阿娟可以重新與這兩個價值導向連結，以此作為行動與生活的重心，不再糾纏囚困於「命苦」的思緒中，阿娟不單情緒有所改善，生活更帶著一份希望與動力，可以在合適的地方發揮和分享。

　　阿娟這例子或許也是助人者的鼓勵與提醒，縱然人生的不幸沒法改變，在接納這些感受的同時，長者生命中仍有很多重視的價值與信念可以發掘。當心理彈性增加，長者們的生命可以繼續向著重視的事前行。

個案 4

情義兩心堅的龍婆婆

2022年6月，黃姑娘遇上龍婆婆。81歲的她看來高挑硬朗，但神情哀傷。一句「幸好我有宗教信仰，否則老公死後，我會立刻跟隨他的腳步」，敲響了婆婆的精神健康警號。

介入方式：接納與承諾療法(ACT)

「家，是我和丈夫共同居住的地方。現在這個家已被我一手拆散了！」

2022年6月，黃姑娘遇上龍婆婆。81歲的她看來高挑硬朗，但神情哀傷。一句「幸好我有宗教信仰，否則老公死後，我會立刻跟隨他的腳步」，敲響了婆婆的精神健康警號。

龍婆婆一直與丈夫相依相伴，女兒已遷出多年。丈夫近年因記憶及身體衰退，多次進出醫院。同年9月，因手術後需長期護理而入住老人院。旁人看來丈夫的情況是自然的老病過程，但婆婆認為是她自身能力不足，無法照料丈夫所致。她十分自責，認為自己一手「拆散頭家」，感到十分無助。

 「以我十多年社工經歷來看，她和一般有抑鬱病徵的長者有很大差異。」

遇見黃姑娘之前，龍婆婆因丈夫的身體狀況轉差而感到身心疲倦。婆婆生於盲婚啞嫁的年代，但勇敢拒絕父母的安排，選擇自由戀愛，與丈夫共諧連理至今。兩夫婦努力經營家庭，婆婆甚至為丈夫處理家族糾紛。丈夫十分感激她的付出，二人既能互補不足，關係又親密。

婆婆一直細心打理家事，尤其當丈夫記憶衰退後，更將家中所有用品標籤分類。姑娘認為婆婆跟其他受抑鬱困擾的長者不同，無論是愛情或生活，婆婆既有目標又有條理，對與丈夫團圓一事充滿渴望。正因如此，婆婆對於丈夫需要入住老人院一事感到無能為力，情緒變得很差。姑娘明白丈夫對婆婆多麼重要，便按著她的個性，協助婆婆釐清價值觀，定好目標並加以實行。

主角 「我了解丈夫的病情。但只要我做到,一定會在家中為他安排合適的床。」

對於婆婆來說,丈夫就是她的世界,認為「只有一起回家」才是陪伴和照顧。於是姑娘擴闊婆婆對陪伴及照顧的概念,解釋在院舍的照料和聊天,也是陪伴的一種方式。透過分享老人院、醫院及社會福利的資訊後,婆婆開始理解及找到可採取的行動,例如細心預備丈夫的膳食、處理日後離院的安排等。

即使婆婆知道丈夫未能於短時間內離院,但接他回家仍是她的心願。於是婆婆以強壯自己的身體為目標,以便將來有好的體魄去迎接丈夫回家。自此婆婆的心情明顯有所好轉,並努力朝著目標行動,更與姑娘分享做運動的心得。

社工 「許多人都跟婆婆說面對現實吧!但勸喻對方接受的同時,是否能再做更多?」

當其他人勸婆婆面對「公公無法再回家了」的現實時,姑娘卻表示絕對不會勸她放棄。婆婆的衝勁和行動力,令姑娘找回當初入行時的熱血。雖然日後的介入,只能視乎公公的身體狀況,但既然對婆婆來說能與丈夫在一起是重要的事,何不讓婆婆以目標和行動,重拾她天生那份動力,好好照顧自己、多做運動、以新模式陪伴及照顧丈夫呢?縱使將來的事情無法預計,姑娘也希望能夠與婆婆同行,一起「感受當刻,活在當下」。

有別於其他抑鬱症患者，龍婆婆的獨特之處莫過於她堅強的信念。看見龍婆婆這一點，黃姑娘認為接納與承諾治療最適合她。龍婆婆堅強的信念，推動她為家人付出很多，可是，正因為這種牢固而欠缺彈性的信念，導致她抑鬱的情緒。

龍婆婆重視的價值，莫過於與家人（特別是丈夫）的關係了。姑娘補充，龍婆婆與丈夫小時候不被家人重視，他們相遇時覺得找到同病相憐的知音，所以不理家人反對，跟自己珍惜的對象結婚，經歷了許多難關。

於是，在龍婆婆的世界裡，特別重視家庭的完整性，她認為「住在同一屋簷下才是完整的家」，不知不覺地，龍婆婆這個想法變得既牢固又缺乏彈性。自從女兒搬出去後，她更糾結於這個想法之中，甚至衍生了「我拆散了自己頭家」的想法。婆婆認為送老伴入老人院是「自己一手造成」，甚至覺得是「自己能力不足，無法照顧丈夫，才需要把他送到老人院」。這些負面想法使龍婆婆終日感到自愧、內疚，而且更有可能令她的抑鬱情緒一直未能好轉。在接納與承諾治療理論裡，龍婆婆與自己的負面想法糾結在一起，稱為認知糾結（Cognitive Fusion），它能掌控當事人的行為，引致他終日活於罪疚感當中。「認知糾結」所引起的負面情緒，令龍婆婆活得沒精打采，做任何事都提不起勁，也未有照顧好自己，對很多事情失去了動力。

　　黃姑娘認為接納與承諾治療的理論和技巧，能夠讓龍婆婆與自己的糾結想法保持一些距離，不再受它們控制，從而繼續實踐自己重視的價值──照顧好自己的丈夫。但是要龍婆婆實踐與自己價值觀一致的事，她必須先照顧好自己。

　　在接受治療的前期，黃姑娘先與龍婆婆釐清她重視的價值，並了解「住在同一屋簷下才是完整的家」這個想法背後的意義，原來對於龍婆婆來說，與家人的關係和照顧好他們就是她人生最重要的事。在接納與承諾治療中，釐清個案的價值觀是至關重要的，當龍婆婆清晰自己的價值觀後，黃姑娘便可以逐步與她一起建立跟這個價值觀一致的目標，並做自己力所能及的事，例如：照顧好自己、每天去老人院探望丈夫等。以不同的途徑去實踐自己重視的價值，能使這些目標更具彈性。請謹記過份盡力去達成某一個目標，有機會讓自己陷入思想糾結當中，甚至出現挫敗感，所以同工必須經常提醒個案實踐力所能及的事，否則目標未達成，可能已經令自己陷入負面情緒的漩渦。

　　龍婆婆一直以「住在同一屋簷下才是完整的家」為目標，可惜事與願違，她的丈夫有必要入住老人院。正因如此，龍婆婆被這個「未能達成的目標」想法纏住了，從而衍生出許多負面的自我評價和挫敗感。於是，在治療過程中，黃姑娘跟龍婆婆一起討論她對「家」的想法，知道龍婆婆其實最重視的是夫妻之間的關係，所以，當釐清龍婆婆的價值觀後，便可以重新與她一起建立可行的目標──就算不是住在一起，也可以好好照顧丈夫。此外，龍婆婆也明白到，有些家庭即使一家人同住，關係卻可以很疏離。所以，一個家在乎的，應該是與家人之間的關係，而這種關係沒有任何地域限制。所以，龍婆婆慢慢地開始跟「住在同一屋簷下才是完整的家」這個想法有少少距離（脫離糾結〔 cognitive defusion〕），並在心靈上有較大的彈性。龍婆婆明白到，這個想法令她牢牢困在負面情緒裡，走不出來，甚至令她失去所有動力。當她失去了動力，會連自己及丈夫也照顧不到，結果跟她重視的價值越走越遠。

由於龍婆婆對「家」的定義有了新的看法，所以沒有再被「我拆散了自己頭家」這個想法太纏繞自己了。同時，黃姑娘擴闊了龍婆婆對陪伴及照顧的概念。黃姑娘明白接丈夫回家仍然是龍婆婆的心願，亦很欣賞她那份無私的付出，即使丈夫已入住老人院，她仍堅持努力照顧他。龍婆婆透過出入院舍照顧和陪伴丈夫，明白到自己已經盡力地去實踐自己的價值，並且一直努力維繫這個家，而非「拆散頭家」。

除此之外，黃姑娘跟龍婆婆講解了一些有關認知障礙症的知識，讓她知道認知障礙症的患者是需要專業的支援，尤其不會因應照顧者的能力而有所改善。反而，及早求助會令丈夫得到更適切的援助，這些也有助龍婆婆進一步接受和開放自己。

經過釐清價值觀和脫離糾結的過程後，下一步便是採取實際的行動。若要有動力照顧好丈夫，龍婆婆首先必須保持身心健康，於是她開始做運動，鍛煉強健的體魄，以照顧好自己的身體及心靈。做運動不但有助改善情緒，還有助提升動力，漸漸地龍婆婆開始能夠為丈夫預備膳食，盡力去實踐對她重要的事。或許有些人會勸龍婆婆接受丈夫以後都不能回家的現實，以免期望落空，但是黃姑娘深深地相信，龍婆婆只是為自己重視的事情而努力著。因此，作為助人專業人士，我們應該給予龍婆婆支持，而非打擊她的信念。與此同時，同工亦要時刻留意龍婆婆的心態狀況，至於丈夫出院與否，也不會動搖她重視的價值，與丈夫的關係仍可以維繫。

個案 5

芳芳可否不要老

65歲的阿芳，年輕時喪偶，獨自照顧兩位女兒長大成人。當女兒慢慢成家立室，阿芳身體開始衰老，就覺得自己責任已完，沒有用處，生存沒有意思，不時萌生自殺的念頭並曾嘗試自殺。

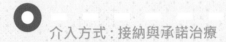 介入方式：接納與承諾治療

「我係街上面見到長者已經唔開心。」

　　65歲的阿芳，年輕時喪偶，獨自照顧兩位女兒長大成人。當女兒慢慢成家立室，阿芳身體開始衰老，就覺得自己責任已完，沒有用處。阿芳一心打算裝修家居後與小女兒長住，但小女兒最後成家並搬離娘家，令阿芳難以面對。及後孫女出生，女兒對孫女的重視和心思，令阿芳討厭孫女搶走自己女兒的關愛。阿芳感到自己年老被忽視，生存沒有意思，不時萌生自殺的念頭並曾嘗試自殺。

「阿芳從未聽過可以接受這些情緒，甚至想過自殺來一了百了，也就不用面對。」

　　社工吳姑娘表示，初時阿芳女兒致電求助時，沒想到阿芳個案的介入難度。首先是疫情的影響，導致無法家訪，只能安排義工幫忙，緊密地打電話關注阿芳的狀況。同時，阿芳曾有多次過量服用情緒藥物並入院的經歷。介入期間，阿芳亦再次入院，可見她的行為狀況及情緒起伏，實在難以估計。吳姑娘在介入阿芳個案時，發現她因難以接受心理及身體衰老而感到失落。阿芳表示在街上碰見長者已經感到不開心，全因不想面對自己也會變老的事實。吳姑娘發現阿芳難以接受老年期轉變，亦接受不到空巢期及其所引致的情緒。因此，安排阿芳參與接納與承諾治療小組，讓她接納這些負面情緒的存在，並發掘自己的價值，從而向前邁進。

「其實我最想同個女搞好關係。」

　　初時阿芳感到十分驚訝，原來這些因變老和無人理會而有的失落感和沮喪感，是可以被接納和存在的。她從未聽過「要接受這些情緒」的說法，只知要「收埋情緒」或者服藥處理，甚至想到結束生命就不用面對老和不開心。她沒有想過原來可以繼續擁抱這些情緒去生活。吳姑娘告訴阿芳「我們是可以擁抱這些與生俱來的情緒去生活的」，下一步可以想像如何過你的人生，好好去實踐自己重視的價值。阿芳表示她最想做到的就是和女兒好好相處。於是經姑娘開導後，阿芳開始修補和孫女的關係，並願意接納大女兒對自己的關懷和好意，彼此間多了溝通和聚會。兩個女兒察覺母親的轉變後，亦改變了和她的互動，三人定期相約吃晚餐、舉行派對和在家度假。

 「路係一齊行，冇咗你唔成事，你最重要，我哋一齊行。」

　　吳姑娘了解阿芳的經歷後，十分佩服她的堅毅和面臨逆境的彈性。阿芳在治療小組中亦會盡力地幫助其他組員，完成治療後更投入義工服務。對於阿芳的整個變化，吳姑娘認為讓她參與治療小組意義重大。接納與承諾治療的靈活性很大，個案不需要專注於轉念，反而著重於學習接納和容許負面情緒的存在。同時吳姑娘從阿芳身上學到，原來個案對於「自己失去的事物」可以十分主觀，甚至影響力可以大於預期。吳姑娘認為往後處理和阿芳相近的個案時，需要更留意個案對自身遭遇的想法。

個案概念化

　　阿芳有著中國傳統女性顧家、勤儉、有責任感的優勢。年輕時已喪偶的她，從來沒有半點怨言，一個人「母兼父職」，既要工作賺錢，又要照顧兩個女兒，一輩子為家庭奔波勞碌。不過，正因為這份顧家勤奮的信念，令阿芳不但沒有放棄，反而成為動力的來源。多年來一直勞勞碌碌，總算相安無事。可是，當阿芳的年紀漸長，外貌和體力每況愈下，剛開始適應退休的生活，原打算與細女相依為命，可是細女最後都因為成家已搬走了。對於一直以「家庭為源動力」的阿芳來說，這經已是一大打擊，情緒開始出現較大的起伏，認為這個家已經不需要她，甚至覺得自己一無是處。一步一步失去這些「家庭責任」都讓阿芳逐漸出現不同的程度的情緒困擾。

　　多年來一個人「母兼父職」，每天只顧埋首工作拼命賺錢養家，下班回家後又繼續忙碌著女兒的起居飲食，漸漸地阿芳把這個「我的女兒很需要我，我要努力地養大她們」的想法變成是自己的所有，甚至完全陷入或糾結於這個想法當中，出現認知糾結 (cognitive fusion)。以往，阿芳日間賺錢養家，晚上照顧女兒，無疑地過著符合自己想法的生活。雖然生活是艱苦的，但至少讓阿芳有一個清晰的方向，每天能夠朝自己重視的目標前進。其實，這些想法都是阿芳的一些目標，而非價值觀。在接受與承諾治療中，「目標」是可完成的事情，即是「我要努力地把女兒好好養大」的想法，不過阿芳不可能永遠持續地去做，當女兒長大後，目標也就達成——她們不再需要同樣方式的照顧。此刻，當目標不再是一個「目標」時，阿芳便會出現很大的挫敗感和抑鬱情緒，甚至萌生自殺的念頭。

在接受與承諾治療的初期，吳姑娘先了解導致阿芳出現抑鬱情緒背後的種種因由，明白到丈夫離世一事已經讓阿芳出現很多負面情緒，但對於擁有傳統家庭觀念的阿芳來說，她只會選擇以女兒為先，並盡力抑壓著自己內心的感受，多年來一直以「抑制」或「忽視」的方式應對身邊的事，從來沒有認真看待自己的感受，只是一心為家庭和女兒著想。對於一直抑制自己情緒的阿芳來說，當女兒逐漸長大，不再像以往般需要她時，內心的負面情緒變得更加嚴重，不是抑壓，就是以極端的方式去處理。治療初期，吳姑娘嘗試觸碰阿芳的這些情緒，阿芳感到既不自在，又不懂分享。其後，姑娘決定與阿芳一起與這情緒共處一會，留意和觀察它們，再嘗試以一種不纏擾、不壓抑的方式與它們相處，這個練習讓阿芳學會從自己負面的情緒、想法中抽離，不再被它們任意擺佈。接著，再利用正念，讓阿芳學習如何與此時此刻連結，而每當她與情緒之間變得太糾纏時，就可以有意識地把自己帶回現實。

在治療的中期，當阿芳開始能夠覺察到自己的想法並有意識地與它們保持些許距離時，吳姑娘便進一步跟她釐清她的核心價值，讓她明白到「我的女兒很需要我，我要努力地養大她們」這個想法一直牢固在她的內心，多年來她克盡己責地去實踐它，但其實這只是她人生的目標，而非價值觀。目標是一些渴望或可達成的事，相反，價值觀是一種人生方向。接著，吳姑娘便與阿芳一起調節她的想法，以一種開放的態度看待「我要努力地養大她們」這個想法，漸漸地，阿芳明白自己最重視的其實是「與女兒保持親密的關係」，而要實踐這個價值，她可以用不同的行動和方式展現出來，包括：照顧好自己、不用女兒憂心、關心女兒、定期去探望女兒、關心孫女等等。當阿芳釐清自己的價值觀後，她便不會再因某個目標未能達成而長期感到挫敗，至於「與女兒保持親密的關係」則是一種價值，在任何時候，阿芳都可以持之以恆地去做。

最後，吳姑娘逐步與阿芳設定不同的承諾行動（committed action）。每當負面情緒出現時，阿芳會以正念的方式把注意力帶回當下，不再與它

們糾纏下去，同時也會因為情境變化而彈性地作出不同的選擇。當阿芳與女兒的關係有所改善後，情緒同時會有正面的改善，雖然生活或許會有不同的情緒起伏，但卻感到滿足。

如何改善長者抑鬱情緒

簡介靜觀認知療法

甚麼是靜觀認知療法？

靜觀認知療法（Mindfulness-Based Cognitive Therapy, MBCT）是實證的心理介入方法，原為教導抑鬱症康復者如何保持精神健康，預防抑鬱復發（Segal et al., 2013）。

靜觀認知療法從以下幾方面改善抑鬱情緒：

▶ 長期處於壓力和緊張狀態，會影響自律神經系統的正常運作，容易造成身心負擔。課程中教導的靜觀練習，能協助參加者調節身體的緊張狀態，平衡及改善身心。

▶ 我們有時候會不自覺地驅走或逃避困難，而一些自動化的行動反應會影響身心健康。課程幫助參加者體驗平日不自覺行動的習慣和活在此時此刻的分別，以覺察自己遇到困難時的身心反應，從而可更明智地應付困難。

▶ 對事物狹隘的評論或觀點會減低心智彈性（psychological flexibility）、增加無意識的盲目反應和降低情緒調節的能力。課程協助參加者提升正面情緒，如幸福感和愉悅感，有助建立更廣闊和客觀的心態來看待問題，減少自動化反應所帶來的身心壓力。

▶ 過度聚焦於固有的思想習慣，會降低我們接受和面對困難的能力。課程鼓勵參加者重新檢視自己與思想的關係，例如視思想為心智的活動而非等同事實，這能幫助我們降低對困難過度負面解讀的機率，以及促成更多選擇來回應困難。

▶ 思想會影響我們的感受，相反感受也會影響我們的想法。課程幫助參加者如實地、不加批判地接受和面對不愉快的經驗，以培養自我關懷（self-compassion）的能力，並調節負面感受，避免陷入情緒低落和自我批評的惡性循環。

▶ 靜觀認知療法揉合了行為激活（behavioural activation）的介入策略，鼓勵參加者留意情緒與行為的互相影響，以及分辨有益身心和消耗性的活動，幫助他們在情緒低落的時候，運用適當的行動來維持生活動力。

老齡化的新挑戰會為長者帶來極大考驗。過去固有回應困難的方式，未必能有效幫助他們應對這些挑戰，甚至有機會給他們造成身心壓力。靜觀認知療法結合了認知行為治療及靜觀方法，幫助長者覺察遇到困難時他們的身心和行動反應，讓他們的思考判斷更具彈性和靈活性，並促進他們的適應能力，以及減低生活轉變所造成的負面衝擊。

個案 6

不再自困的珍姐

今年68歲的珍姐,正
接受第二次的個案介
入。第一次是2017
年,丈夫因身體不適
送院救治,完成手術
後留院觀察期間,醫
生沒有發現問題,但
回家後兩日因情況急
劇惡化而離世。珍姐
認為是因為自己將
丈夫送院,他才會離
世,所以感到很內疚。

介入方式:靜觀認知療法

「我好內疚將先生送入醫院，如果沒做這決定會怎樣？」

今年68歲的珍姐，正接受第二次的個案介入。第一次是2017年，丈夫因身體不適送院救治，完成手術後留院觀察期間，醫生沒有發現問題，但回家後兩日因情況急劇惡化而離世。珍姐認為是因為自己將丈夫送院，他才會離世，所以感到很內疚。經社工介入後，珍姐調整生活重心，專注工作，減少對丈夫的過度思念和內疚，情緒改善後同意不再需要臨床介入而結案。

2022年初疫情肆虐，社工李先生致電慰問珍姐，發現她再次出現情緒低落及自責的情況。原來珍姐因為腰傷，無奈選擇退休，生活頓時失去了方向。加上疫情持續，珍姐被迫困於家中，生活失去重心的同時，獨居亦讓她不時會回想起丈夫入院的片段，自責及傷感的情緒再度湧上心頭。李先生了解狀況後，決定為珍姐重新開啟個案。

 「珍姐反覆思量將丈夫送入院的決定，經常鑽牛角尖。」

珍姐的子女早已搬走，她們不理解為何母親對父親的離世那麼自責，亦不希望她繼續深究父親離世的原因；讓珍姐難以將這份思念在子女的陪伴下抒發出來。另外，珍姐不想因家事而打擾身邊的好友，所以即使近年反覆思索丈夫的死因，也甚少向他人分享對丈夫的感受，選擇獨自面對孤單及對丈夫的思念情緒。

「我知道我在框框入面，我需要跳出這個框框。」

　　珍姐希望改變，並尋求李先生的協助。李先生欣賞珍姐願意走出舒適圈的勇氣，於是介紹她參與靜觀小組，學習面對失去至親的哀傷，以及減少自責和掉入自我批判的循環。同時，希望她能在小組體會到團體動力，多與他人分享感受和情緒。然而，因為腰痛和情緒低落，珍姐缺席數節小組。因此，小組導師為她額外補堂，而珍姐亦打破情緒的惡性循環，跳出框框，開始嘗試並投入活動。參與小組後，珍姐將學到的知識運用到日常生活中。例如參加小組前，曾因想不到要煮晚餐給誰吃，珍姐會不期然地感到傷心；參加小組後，遇到同樣情況，珍姐就會立刻提醒自己「停一停、諗一諗」，慢慢呼吸去回到當下，而非不知不覺地陷入更深的情緒當中，讓自己的心情慢慢過渡。此外，珍姐與小組組員分享經歷，得到共鳴和肯定，開始擴闊社交圈子和發掘手工藝興趣，並投入社區，大大地減少了孤單的感覺，讓生活過得更精彩。

「不是因為困難而不去實踐，而是因為不去實踐所以困難。」

　　靜觀讓珍姐察覺身體的感覺，繼而關心身體和情緒的變化。即使對丈夫的思念和自責仍存在，但它已減低對生活的影響。從鑽牛角尖到活在當下，並尋找人生樂趣，珍姐的覺醒和動力，讓李先生發現長者有很多潛能和成長空間。改變源於思想的變化，期望每個人也能像珍姐一樣，勇於踏出第一步，跳出框框。

個案概念化

　　珍姐2022年再次出現情緒低落及自責，很有可能是抑鬱情緒復發的情況，幸而得到社工李先生及時辨識，並提供適當的介入，避免情況惡化。

　　珍姐抑鬱的情緒顯然是由她的喪偶經驗所觸發，雖然其丈夫的離世原因與她沒有直接關係，但基於他們互相深厚的愛和連繫，加上丈夫留院兩天後而遽逝，令珍姐調適哀傷的過程更為困難。

　　根據哀傷雙軌過程模式（Stroebe & Schut, 1999），哀傷的壓力源被視為是雙重的，一是失落本身的壓力，直接針對失落的情緒和痛苦（loss-oriented）；另一個是失落之後必須面對失去依附對象的現實世界的生活規劃（restoration-oriented），像是新的角色認同以及現實生活的挑戰。哀傷者會在這兩種壓力的調適中來回擺盪，這是有效調適必需的經歷。

　　珍姐首次獲社工介入後，能將生活重心放在工作，減少了對丈夫的思念和內疚，反映她成功啟動了面對喪偶傷痛的復元過程。惟後來因身體問題，她被迫退休，加上疫情影響其社交活動，使她失去適應喪親之後現實世界生活的正面能量，最終再次受困於失落的自然心理反應。

從靜觀認知療法的角度，可據以下幾方面來理解珍姐的抑鬱情緒：
1. 有時候我們會不自覺地驅走困難，尤其是傷痛；突然失去摯愛的親人，對珍姐來說是極大的痛苦，自責和自我批評雖然不是正向的處理方法，但看來是可緩減失落壓力的應對策略。
2. 對事物狹隘的評論或觀點會減低心智彈性（psychological flexibility）、增加無意識的盲目反應和降低情緒調節的能力；珍姐對於自己將丈夫送入醫院，一直感到內疚，亦相信這與丈夫的離世有關，之後不自覺而又重複地責備自己，把自己捲入了負面情緒之中。
3. 過度聚焦於固有的思想習慣，降低我們接受和面對困難的能

力;珍姐反覆思量丈夫的離世,影響她建立新生活的動力,亦令她不容易找到更多回應困難的方法。

4. 思想會影響我們的感受,相反感受也會影響我們的想法;珍姐持續出現的情緒低落及孤獨感影響其自我價值感,並認為自己容易負累他人、怕會打擾身邊的好友,因而甚少向他人分享對丈夫的感受,亦加劇了出現情緒低落及孤獨感的惡性循環。

　　面對哀傷,在長者精神健康服務的個案中是很常見的,考慮運用小組介入的方法相當合適,除了能提高服務的效益之外,亦有助服務對象在參與過程中產生共鳴、增加介入的成效。靜觀認知療法主要針對有抑鬱情緒的服務對象,課程的結構十分強調參加者的互動關係和團體學習的環境,相信這方面很切合有情緒低落和孤獨感的長者的需要。

　　以珍姐的個案為例,靜觀認知療法會透過不同的練習,包括身體掃描、靜觀呼吸、靜坐、靜心步行等,培養對身體感覺、想法及感受的覺察,幫助參加者體驗平日不自覺行動的習慣和活在此時此刻的分別。這個體驗過程讓珍姐留意到自己很多時過度集中在丈夫的離世,而無形中造成很大的身心負擔,令自己沒辦法去過愉快的生活。

　　珍姐正正利用靜觀練習,覺察到自己活在「框框」的入面;練習幫助她如實地、不加批判地知道這個影響她多年生活的「框框」,亦感受到自己被多年束縛而所承受的痛苦,正因為她願意接受和面對這些痛苦,給她有機會培養更多自我關懷(self-compassion),從而學習以之來代替自責和自我批評的方式去回應困難,最後再給自己決定:需要跳出這個「框框」。

　　如同其他介入方法,服務對象願意給自己新生活的決定,可說是成功的關鍵。珍姐有了新方向之後,她更願意以更開放的態度來看待丈夫的離世。她明白到促成丈夫離世的原因其實有很多,無需要自己負起全部責任。珍姐有了嶄新的角度看待思考的方式,她便能更容易察覺到負面思想

的出現。參加小組前，她想不到要煮晚餐給誰吃，自己會持續地傷心；參加小組後，遇到同樣情況，她就會提醒自己「停一停、諗一諗」，慢慢呼吸去覺察此時此刻，並改變注意的焦點及放鬆自己的身心，然後經驗負面情緒慢慢過渡。這反映珍姐已學習到更好調節情緒的方法，以避免出現情緒低落及孤獨感的惡性循環。

　　靜觀練習有助提升正面情緒，如幸福感和自我認同感。珍姐投入練習，讓她重拾生活的動力和興趣。欣賞她與別人分享其手工藝作品，不用再受孤獨之苦，最後能走出哀傷的陰霾。

個案 7

黃伯出來了

72歲的黃伯一直居於內地，數年前來香港與女兒、孫兒同住，經常要內地和香港兩邊走。但自從疫情爆發，黃伯無法與內地的朋友和親戚聯繫。尤其確診新冠肺炎至康復後，黃伯的個性由好動、開朗，變得孤癖、焦慮，憂慮的情緒甚至影響到日常生活。

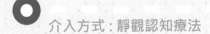

介入方式：靜觀認知療法

主角「姑娘我好驚，不知道其他人會如何評價我的衣著。」

　　72歲的黃伯一直居於內地，數年前來香港與女兒、孫兒同住，經常要內地和香港兩邊走。黃伯閒時有不同興趣：行山、釣魚、做木工等，也會善用智能手機拍照和觀看分享平台的影片。但自從疫情爆發，黃伯無法與內地的朋友和親戚聯繫。尤其確診新冠肺炎至康復後，黃伯的個性由好動、開朗，變得孤癖、焦慮，憂慮的情緒甚至影響到日常生活。

 社工「黃伯知道自己擔憂的事是不合理的，但他無法控制一直焦慮的情緒。」

　　黃伯會無緣無故地憶起數年前於內地的財產糾紛，擔心自己會觸犯法律和遇到麻煩，也擔心自己的衣著舉止會被人批評和取笑，他的情況甚至可以說是接近患上廣泛焦慮症，總之他有很多非理性的擔心。由於焦慮的情緒，黃伯少了外出，又睡不著覺，連吃飯也擔心，性格變得沉默寡言。令女兒更吃驚的是，父親退化到無法操作手機，甚至因為擔心飯菜有毒，只願意吃兩口白飯和一棵菜，結果黃伯數月內明顯消瘦了很多，以致衣不稱身，每天也只是呆坐在梳化，甚至有時萌生尋死的念頭。直至有一天，女兒在信箱找到義工派發的「情緒關顧抗疫卡」，隨即致電關姑娘尋求協助。同時，因為當時黃伯的情況嚴重，女兒決定送黃伯到醫院，尋求急症及精神科服務。

　　黃伯出院後，關姑娘便約他見面。當時，黃伯身體瘦削，心情十分焦慮，加上身體抖震，他並不願意到中心，關姑娘要跟女兒合力想辦法，才促成與黃伯的第一次見面。此外，根據黃伯的情況，關姑娘決定安排他參與靜觀身心健康小組，希望能減少他過度思考及憂慮的情況。

「蛋撻好好吃！還有，姑娘你看，我有『老鼠仔（二頭肌）』！」

　　起初參與靜觀小組時，黃伯表現得十分緊張和焦急，經常問姑娘該如何選擇衣著，還擔心打扮會被嘲笑。進行第一次身體掃描活動時，黃伯十分拘謹，不敢脫鞋，無法專注放鬆，而且感到不舒服。姑娘擔心黃伯的參與動力低，所以與女兒以及義工合作，不斷鼓勵他到中心參加小組。每節小組後，姑娘也會致電黃伯，與他一起做靜觀練習，並了解他的想法和情緒。在家中的時候，女兒也會不斷播放靜觀練習錄音，並用姑娘提供的枕頭和毛毯，協助他練習。慢慢地，黃伯在之後的小組開始享受身體掃描，也能輕鬆地脫鞋放鬆身體，投入靜觀練習。在小組參與和姑娘帶領複習下，黃伯不再擔心衣著，甚至在小組裡積極舉手回答問題。至今，他仍然保持著聆聽練習錄音的習慣。黃伯在日常生活上也有正面的改變，例如樂齡之友陪他到訪木廠做木工、教他玩電話。女兒帶他吃過蛋撻後，黃伯的食慾開始回復正常。黃伯更會去行山，身體慢慢恢復體力，甚至作歌送給社工。社工樂見到黃伯的轉變，決定安排他做木工班導師及參與「樂齡友里」義工培訓。

 「靜觀治療對黃伯來說，既方便又有效，只要用手機聆聽錄音就能練習。」

　　關姑娘最初擔心黃伯處於不斷思考和顧慮的模式，焦慮情緒持續的話，便無法進入靜觀的狀態。幸好姑娘和女兒鼓勵他練習，透過重複播放靜觀練習錄音，黃伯開始懂得留意自己當下的身體反應，練習身體掃描法，令焦慮的情況有很所改善。關姑娘希望透過黃伯的案例，鼓勵同工多嘗試不同的治療小組和方案，走出框框，利用長者自身的優勢去處理問題。因為即使極度焦慮的個案，仍能透過靜觀治療學習感受當下。

　　黃伯的身心情況有所改善，連帶複診的次數也減少了，關姑娘都感到很安慰。黃伯的案例揭示了社會上許多長者退休後感到無力和焦慮，而他的韌性值得稱讚和學習，再差的情況也可改變。

　　黃伯自新冠疾病康復後出現絕望、憂慮的情緒及過度思考的表現，很有可能是危機後的精神健康反應。感染新冠疾病後出現的精神相關症狀相當廣泛，常見的包括疲倦（37.8%）、抑鬱（23.0%）和焦慮（15.9%）（Rogers et al., 2021）。另外，研究發現有10.4%的個案在身體疾病復元後三個月，仍有創傷經驗的症狀（Tarsitani et al., 2021），可見長者精神健康問題在疫情大流行期間，實在不容忽視。社工關姑娘接觸黃伯的初期，恰巧是他經歷危機後持續不安、低動力、情緒低落等情況。

　　根據多元迷走神經理論（Polyvagal Theory），人類自律神經系統依安全感受分為三種模式：社會連結（safe engagement）、戰鬥或逃跑（fight or flight）以及凍結與關閉（freeze and shutdown）。長期處於危機或不安全感的狀態，容易令人對當前的威脅感到極大無助，身體會變得麻木僵硬，像是暫時進入了「死機」狀態，藉此降低痛苦的感受，或者容許身體儲備足夠能量以準備之後再作「戰鬥」。這是人類為了生存而自然產生的身心行動反應。新冠疾病康復後，黃伯無法恢復以前的生活，反映他仍然處於危機或不安全感的狀態，需要他人協助去重啟生活的動力。

　　從靜觀認知療法的角度，可以據以下幾方面來理解黃伯的抑鬱情緒：

1. 長期處於危機或不安全感的狀態，影響自律神經系統的正常運作，容易造成身心負擔；黃伯因長時間抵禦新冠疾病的威脅，失去了日常生活的動力和能量。
2. 危機所觸發起的不安或負面思想，會在當事人的腦海中重複出

現。縱使危機已經過去，這思想回憶仍有機會持續，令當事人無法活在當下及如常生活；黃伯受制於其不安的想法，過去受到威脅的處境不斷重現，阻礙他進行閒時的興趣及有益身心的活動。

3. 對事物狹隘的評論或觀點會減低心智彈性（psychological flexibility）、增加無意識的盲目反應和降低情緒調節的能力；黃伯害怕別人的目光，認為別人會留意甚至批評自己，把自己捲入了負面情緒之中，亦因此而減少外出去逃避困難，增加了抑鬱及孤獨情緒的風險。

4. 過度聚焦於固有的思想習慣，降低我們接受和面對困難的能力；黃伯反覆思量自己會遇到麻煩，影響他面對困難的信心，亦令他不容易適應疫情所帶來的挑戰（例如：疾病後遺症、社交限制、與親友失聯），產生更多的失落和焦慮。

5. 思想會影響我們的感受，相反感受也會影響我們的想法；黃伯持續出現的不安及絕望影響其自我價值感，並認為自己容易受到別人的攻擊，因而變得孤癖和焦慮，亦加劇了營造不安及絕望感覺的惡性循環。

介入模式

新冠疫情肆虐期間，長者身心均面對極大挑戰。幸而在疫情稍為緩和、長者精神健康服務正常重啟之下，黃伯能獲得所需支援，實在是難能可貴。

面對有服務需要的長者，除一般評估之外，社工亦需進行包括風險部分的精神健康評估。在提供任何心理介入之前，如發現長者有自殺或暴力風險，社工必須先協助處理有關風險情況。如同其他小組治療，社工安排長者加入靜觀認知療法小組之前會先進行活動前評估。如遇到風險個案，社工會先提供個別跟進，直至情況穩定後才邀請長者參加小組活動。黃伯在接受醫院治療和風險介入之後，仍願意參加小組活動，可見社工與長者建立輔導工作關係的重要性。

　　靜觀認知療法會透過不同的練習，包括身體掃描、靜觀呼吸、靜坐、靜心步行等，培養對身體感覺、想法及感受的覺察，幫助參加者體驗平日不自覺行動的習慣（包括抵禦不安、威脅的行動）與活在此時此刻的分別。黃伯透過練習，留意到自己過去在不安的經驗中掙扎，無形中造成很大的身心負擔，令自己沒法過平常的生活。

　　靜觀練習能調節身體的緊張狀態，平衡及改善身心。練習幫助黃伯留意到自己平日過度用力，包括身體、心情和思想方面，去抵禦不安的威脅。他從練習的經驗中學習放開繃緊的身心，漸漸地回復日常生活所需的力量。此外，靜觀練習幫助黃伯培養當下的覺察，當他留意到不安的思想回憶出現，於是改變注意的焦點並放鬆身心，然後經驗到負面心情和思想慢慢過渡，從而改善反覆思量以及感到不安和絕望惡性循環的情況。

　　整個練習體驗過程，讓黃伯放鬆身體、安定情緒，過程中建立內在平和的感覺，減少因為外在環境的威脅而產生的不安。練習幫助他如實地、不加批判地知道影響生活的思想束縛，更能容許和面對困難，例如自己容易介意別人的目光。正因為他願意接受並面對這些困難和痛苦，令他有機會培養更多自我關懷（self-compassion），從而學習以更開放的角度看待自己與別人的不同，甚至能夠體諒自己正在適應新來港定居的困難，故需要更多時間融入社會。

　　慶幸黃伯能投入小組的過程及與人互動，反映他的信心有所增加。參加活動後，黃伯不再經常擔心自己會遇到麻煩，或害怕自己容易受到別人的攻擊，相反他更願意參與及建立新的社交圈子，這將有助他應付後疫情時代及新來港定居所帶來的挑戰。

應用於改善長者精神健康

簡介綜合家庭及系統治療

甚麼是綜合家庭及系統治療？

綜合家庭及系統治療（Integrative Family and Systems Treatment），簡稱 I-FAST，是實證的家庭治療介入方法，藉著建立治療性合作關係（therapeutic alliance）、改善個人與家庭之間的互動相處模式（interactional pattern）及強化生活系統功能（system collaboration）這三個方面來處理個案的問題。

I-FAST 從以下幾方面改善抑鬱情緒：

▶ 長者及其家人如何界定（frame）或理解長者抑鬱背後的真正問題是相當重要。I-FAST 探索他們各自對問題的想法，並了解這些想法如何導致長者的精神健康問題，以及持續出現情緒困擾。例如，長者抱怨兒子冷淡的態度影響他的心情，而兒子則認為長者的情緒問題是基於其中風後身體的轉變，彼此對問題有不同的理解，或會成為處理長者情緒問題的困難。治療重視各人的想法，在建立合作關係的過程中，協助他們重新建構（reframe）看待問題的方式。參考以上的例子，工作員可以從兒子對長者情緒健康的關注，開放二人的溝通，並協助他們辨識長者和兒子共同面對的難題；例如，如何幫助長者中風之後維持獨立生活，並以此作為介入工作的目標。

▶ 牢固或缺乏彈性的相處模式，可能會造成惡性循環，並令長者的抑鬱問題持續。例如，長者為家庭的中心人物，子女習慣聽命於長者，故雙方甚少有相對平等的溝通，這會阻礙他們合力應付問題，如長者身體機能轉變等老齡化過程帶來的挑戰，容易令長者感到無助。I-FAST辨識和擴大例外的相處經驗（exception of interactional pattern），例如子女曾參與長者生活安排的某些決定，協助長者及他們的家人打破舊有的相處模式，促成良性的互動關係，然後落實共同維護的介入工作方向，最終改善長者的情緒問題。

▶ I-FAST相信，我們需要從家庭和社會系統的角度，了解精神健康問題如何出現及加劇。以長者精神健康為例，獨居是長者抑鬱的高危因素。相反，社區照顧者的穩定支援有助降低獨居長者患上抑鬱症的風險。因此，除了考慮個人因素之外，治療需要評估這些系統性的因素來制定介入重點，並連繫不同伙伴如家庭成員和社區安老服務等，以制定合適的工作策略及強化生活系統的功能。

部分長者的精神健康個案錯綜複雜，除了透過個人介入之外，工作員也需要考慮其他層面的介入方法。I-FAST突破精神疾病的角度，深入認識長者與其生活環境之間的互動，並會利用長者、家庭及社區的優勢，促成有益於身心健康的生活條件，從而改善長者的抑鬱情緒。

個案 8

十二少的父愛

75歲的十二少，五十多年前從內地來香港，不曾工作的他，擁有數段婚姻和育有多名子女。十二少自覺人生沒有甚麼成就，年紀越大，越認為自己是社會的負累。十二少獨居，而婚姻破裂的其中一個原因，正是他沾染了五十多年的毒癮。

介入方式：綜合家庭及系統治療

「姑娘，我成世都冇用，希望死後可以捐贈器官，為社會付出一分力。」

75歲的十二少，五十多年前從內地來香港，不曾工作的他，擁有數段婚姻和育有多名子女。十二少自覺人生沒有甚麼成就，年紀越大，越認為自己是社會的負累。十二少獨居，而婚姻破裂的其中一個原因，正是他沾染了五十多年的毒癮。

蔡姑娘憶述初次透過電話接觸十二少時，他斷然拒絕服務，生怕浪費社工的寶貴時間；他希望去世後可捐贈器官，幫助有需要人士，為社會出一分綿力。蔡姑娘形容不受毒品影響的十二少文質彬彬，充滿富家子弟氣息。然而，即使他每天前往美沙酮診所服用美沙酮，也戒不掉毒癮，更曾因多次服藥過量要送院救治。

 「十二少的電話聯絡人就只有我的號碼有人接聽。」

十二少曾懊惱地剖白：「我能夠為妻兒戒酒、戒煙、戒暴力，但偏偏戒不掉毒癮。」自年輕時接觸毒品，身邊家人漸漸與他斷絕來往。失去親人支持的他，深夜常常寂寞難耐，變得更依賴毒品。十二少自責自己一無是處，是社會寄生蟲，常常用手拍打自己頭部，並多次表達跳樓輕生的念頭。

蔡姑娘經常收到警局和醫院來電，告知十二少神志不清，在街頭閒蕩，他們未能聯絡上他的家人。蔡姑娘曾多次致電十二少的小女兒，但都不成功，不禁懷疑十二少的家人是否存在。最終，於某個晚上與他的女兒聯繫上。原來十二少女兒日間工作，無法接聽電話，只可以在晚間商討十二少的情況。言談間，蔡姑娘感到女兒對十二少的關愛，但同時對爸爸的毒癮亦愛莫能助，於是決定與女兒共同計劃介入方案。

「我脾氣差，但好關心小女兒，否則都不會希望她搬來同住。」

談及小女兒，十二少認為她性格善良，亦是最孝順的一位，不時回想起她兒時的可愛容貌，希望可以和她一起生活。然而，小女兒早年跟隨母親生活，與父親相處時間不多，不甚了解父親的生活習慣，加上父親的毒癮，猶豫能否與十二少同住和照料父親。有一次，女兒因回鄉辦事，十二少聯絡不上她，整天臥床不起，更泣不成聲。女兒察覺自己在父親心中的分量，最終決定搬進十二少的家及照顧他的晚年生活。蔡姑娘雖然擔憂二人同住的風險，但十二少與女兒的家庭力量，讓她有更充足的動力去幫助這個家庭。

同住期間，十二少間中出現情緒失控，並用粗口侮辱女兒。女兒感到難堪委屈，多次尋求姑娘協調和聯合面談。在一次面談中，十二少真誠地向女兒道歉，坦言自己性格不好，情緒失控時會語帶傷害。十二少自知脾氣差，但心裡十分著緊女兒。女兒亦在多次溝通後，逐漸明白父親的說話只是在發洩負面情緒，並不是內心真正的想法。到介入後期，女兒更注意到父親的愛和改變，特意為她安裝家中第一部冷氣機，並清理家中雜物，更換窗簾和床褥，讓二人的生活更舒適。女兒感受到父親的愛，並非來自言語，卻是來自一切行動和改變，知道彼此都想對方好，想住在同一個家。

 「由冇家人聯絡，到小女兒搬回家照顧，家人間的牽絆超出我的想像 。」

十二少的個案最終轉介到綜合家庭服務中心，由家庭社工以較持續的服務跟進他的家庭狀況。蔡姑娘坦然若代入角色，她亦未必有小女兒般的勇氣，決定與數十年缺少接觸的父親同住。案主二人雖經歷不少爭論，但當所有道理和責任上的討論

都回歸愛時，讓小女兒和十二少家庭重聚的夢想成真。蔡姑娘從十二少身上亦學習到，擔心無法解決問題，也於事無補，而且只會帶來更多的難題，反而找到各人的共同目標——「想大家好」，讓大家跳出問責或邏輯思維的框架，聚焦於愛和情感表達，並以愛去解決問題。

個案概念化

部分長者精神健康個案錯綜複雜，除了需要個人支援如危機介入之外，工作員亦需要考慮其他層面的介入策略。十二少長期受到濫藥問題影響，相信和很多因素有關，蔡姑娘鍥而不捨地接觸其家人，並介入家庭關係，大大增加服務的成效。

十二少覺得自己無用、甚至想放棄自己，反映他的自我價值感頗低，這可能與其年長和濫藥的背景有關。針對老齡和精神問題的歧視在社會相當普遍，當事人有機會不知不覺間認同了那些負面標籤而造成自我污名（self-stigma）。研究發現自我污名會降低自我價值感和自信（Dubreucq et al., 2021），並對精神健康帶來負面影響。

十二少情緒容易暴躁，經常怪責自己無用，認為自己是別人的負累，甚至萌生輕生的念頭，由此可見他的抑鬱問題極為嚴重。他可能以為濫藥能減少負面情緒，因此而產生身心依賴。濫藥不但損害其身體和認知的功能，亦影響他的家庭及社交關係，令他容易感到心情低落、孤獨，以致出現負面思想和情緒惡性循環的情況。

從綜合家庭及系統治療（簡稱I-FAST）的角度，可以據以下幾方面來理解十二少的抑鬱情緒：

1. 一般人可能會認為濫藥和其他精神健康問題均屬個人問題，或者應從個人的成長背景和解決生活問題的能力來找出改變或治療的方法；I-FAST理解問題為當事人與他們生活中的社會環境之間互動所產生的現象。面對老齡和精神問題雙重負面標籤，十二少無形中深深受到自我污名的影響，於是他會經常怪責自己無用。

2. I-FAST相信，我們可以從家庭和社會系統的角度，了解精神健康

問題是如何產生、增加和維持的。以長者精神健康為例，獨居是長者抑鬱的高危因素，十二少的個案就是其中的一個例子。十二少缺乏家人的支持，容易感到心情低落、孤獨。似乎小女兒是他唯一的親人，但每次接觸小女兒皆可能與十二少惹上「麻煩」有關，這不但影響家人對長者的態度，亦會影響他們的互動關係。

3. 牢固或缺乏彈性的互動關係，會阻礙家人之間的溝通，降低家庭抗逆能力。十二少容易被家人認定為有問題的人，而相反十二少會覺得自己是個失敗的人，不值得家人對自己好。類似預設的立場，限制了長者與家人互相的情感交流和連繫，以致長者不易面對老齡化帶來的挑戰。

介 入 模式

長者精神健康服務之中有不少類似十二少的危機個案，幸而，在未有發生不愉快事件的情況下，蔡姑娘可以化危為機，幫助長者重建家庭關係，實在非常難得。I-FAST是以家庭及社會系統為焦點的介入方法，目標是強化個人及家庭的能力，改善他們的互動關係，並增強抗逆能力。

以十二少的個案為例，工作員接觸個案的首要工作，除了處理危機狀況之外，是先要與十二少建立治療性合作關係（therapeutic alliance）。面對情緒容易暴躁、性格比較傳統的服務對象，工作員需要培養更多的耐性，以接納和關懷的心來幫助維持與長者的互信關係。這個關係建立的過程，有助抗衡自我污名化的負面影響。工作員亦從中了解到十二少的真正意願，就是希望與小女兒一起生活。

I-FAST重視個人與家庭的優勢，若小女兒也同樣願意與長者生活，這絕對是很理想的安排。工作員容許家庭成員各自提出對治療的期望，從而促成有效的溝通，幫助互相了解對方的需要和困難。如果十二少能夠和家人團聚，這亦會有助改善其孤獨感和抑鬱情緒。

工作員評估了家庭的互動關係，了解到小女兒的害怕和委屈，這會令家人重複地對長者表現抗拒，最終十二少只能繼續因惹上「麻煩」才可

以有機會與家人接觸。工作員協助十二少與小女兒改變過去的相處模式（relationship pattern），彼此以相對平等的關係溝通，促進互相的情感交流和連繫。這個過程幫助家庭成員重新建構（reframe）看待問題的方式，從過去集中處理長者的「麻煩」，改為聚焦在可以共同生活的目標上。

　　能夠打破十二少自我污名化的思維，最終實在有賴家人的接納和認同。欣喜到後期長者能重拾生活的動力，甚至為滿足與家人共同生活的需要而發揮自己所長。

個案 9

蔡婆婆的安心時間表

74歲的蔡婆婆，與
曾經是商人的丈夫和
兩位兒子早年長居緬
甸，一直生活無憂，
過著富裕的生活。自
四十年前舉家移民來
港後的不順，蔡婆婆
開始萌生負面的想
法。

介入方式：綜合家庭及系統治療

主角 「我個仔好冇用，連垃圾膠袋都『唔識包』。」

　　74歲的蔡婆婆，與曾經是商人的丈夫和兩位兒子早年長居緬甸，一直生活無憂，過著富裕的生活。自四十年前舉家移民來港後，丈夫的生意和家境開始轉差。雖然丈夫在職場上失意，但他仍十分寵愛蔡婆婆，對太太千依百順。丈夫去世後，小兒子一家三口與蔡婆婆同住。自此，蔡婆婆特別留意兒子的一舉一動，就連一些小事，例如兒子不懂得包好垃圾膠袋，也會責備他。及後兒子公司的生意不順，蔡婆婆開始萌生負面的想法，覺得兒子沒用，擔心媳婦終有一天會離開他兒子，又或者帶孫女和兒子離開這個家。因此，蔡婆婆對待媳婦和孫女的態度並不友善，經常嘲諷媳婦和怒罵孫女。雖然媳婦盡量忍受婆婆不友善的對待，但難免會感到不滿，並多次與蔡婆婆和一直啞忍的丈夫爭吵。為了減少與蔡婆婆的接觸，媳婦亦會不時帶女兒和丈夫回娘家短住。

社工 「蔡婆婆好驚自己一個在家，甚至擔心到無法入睡。」

　　當兒子一家不在家時，蔡婆婆獨個兒會感到焦慮和擔心，多次驚恐症發作。蔡婆婆因為無法接受要獨居，經常走到樓下和保安聊天，等待兒子一家回來，甚至半夜乘車到大兒子的家要求陪伴。雖然媳婦覺得婆婆喪偶很可憐，盡量體諒和容忍，可是自己一家無法長期陪伴她。關姑娘留意到媳婦對蔡婆婆的關懷，覺得家人的參與或能改善婆婆的焦慮情況。

主角 「有了時間表，至少我知道兒子和媳婦何時不在家。」

　　姑娘為蔡婆婆申請白內障手術時，發現兩位兒子全家都有到中心討論，並前往醫院陪伴她。關姑娘注意到蔡婆婆擁有的家庭關懷和愛的力量，深信現時的家庭關係和相處模式是可以改變的，便決定和小兒子一家合作，一起討論介入計劃。一次家訪時，姑娘不經意地看到孫女的功課時間表，於是靈機一觸，提議小兒子及媳婦可以製作時間表，讓蔡婆婆預早知道他們何時不在家，以減少她對孤獨的焦慮。小兒子和媳婦也十分配合和樂意嘗試，並列出他們一家外宿的時間。自此，蔡婆婆透過時間表便能夠預計小兒子一家在家的時段，減少了等待和焦慮的狀況。蔡婆婆也因此慢慢改變對媳婦的態度，儘管仍是不會直接讚賞她，但與兒子交談時也會間接讚揚媳婦為家庭及兒子的付出。兒子和媳婦覺得製作時間表，除了可以幫助蔡婆婆減少焦慮之外，還讓他們多了私人時間享受二人世界，不用全天候留在家中，一舉兩得。

社工 「蔡婆婆的家庭充滿愛，所以能透過家人的合作和改變去改善她的情緒。」

　　關姑娘認為蔡婆婆的個案讓她反思到，有時改變的對象不一定是案主，其實可以是身邊的人。蔡婆婆之所以懂得改變想法及減少焦慮，是由於家人肯踏出第一步，嘗試以不同模式來跟她相處。關姑娘也驚訝如此簡單的一個時間表，竟然能用在個案上並取得成效，因而體會到動員家人的參與，對改善案主情緒的重要性。

個案概念化

　　儘管個人治療介入適用於協助長者改善哀傷情緒，但社工可以考慮從家庭治療的角度，處理長者因喪偶而帶來的精神健康問題。家庭治療會以家庭生命週期（family life cycle）（Carter et al., 2011）的概念去理解長者面對喪偶的問題。家庭生命週期是指一個家庭，由二人結合開始，到育有下一代，再到子女成人離家，以至最後另一半的離世。當中的家庭結構會不斷改變，同時家中每個角色在不同時期也都會有不同的需要及成長。當家庭關係健康時，即使家庭面對重大的改變，各人仍可以彈性地回應，從而令整個家庭可以健康地過渡。而當蔡婆婆失去另一半時，是整個家庭都在面對失喪與哀傷，家人也都承受壓力，彼此的互動亦因此而有變化。蔡婆婆的家庭正處於生命晚期的階段，故家人需要學習如何調適婆婆喪偶的轉變，同時幫助她重整生活和人際關係，努力維持個人的尊嚴，尋找生命的意義，以及學習獨立自主地生活。

　　下面從綜合家庭及系統治療（簡稱I-FAST）的角度，以家庭生命週期對成員之間互動的影響，來分析蔡婆婆的情況：

　　一般人理解失喪為失去親人，然而失喪除了主要指失去親人，在次失喪中（secondary loss），這家庭亦失去了一位照顧與陪伴蔡婆婆的角色。從依附理論來說，蔡婆婆同時失去的是一段有安全感的關係。從前在面對人生的挑戰時，先生的不離不棄與細心陪伴，是讓蔡婆婆感到安全及可以依靠的來源。但先生離世後，這份安全感亦同時失去，因此蔡婆婆會在家庭中尋找另一個可以讓她感到安全的關係，亦即產生對兒子陪伴的渴求。從I-FAST的角度去理解，家中有人會嘗試去承擔這角色，以維持家庭穩定。在蔡婆婆的個案中，小兒子便嘗試承擔這角色。在這重新摸索新的互動模式下，相處模式與界線重新釐清。面對蔡婆婆的失喪與焦慮，即使她情緒有變，但因為愛護婆婆的緣故，小兒子一家仍是盡量遷就。然而，過度的保護與遷就，卻維持甚至加劇了蔡婆婆的焦慮行為，使她變得越來越依賴。另外，因這互動的改變，也影響了小兒子核心家庭的相處。結果，小兒子的核心家庭與蔡婆婆之間的界線變得模糊，一來令蔡婆婆對兒子有不切實際的期望，二來小兒子與媳婦

對蔡婆婆的不一致，亦增加了蔡婆婆的焦慮，以及擔心媳婦會把小兒子搶走。即使蔡婆婆與媳婦的衝突增加，兒子亦沒有站在太太方面去釐清界線和保護太太，這變相是默許了蔡婆婆的態度和強化了她對媳婦的不安，不但令媳婦更加不滿，更加令彼此的衝突升級，形成惡性的互動循環，而蔡婆婆的焦慮亦維持下去。

總括而言，在不同的家庭生命週期，家庭成員之間的關係會不斷改變，每個角色都會有不同的需要及成長；僵化的互動關係將阻礙家庭順利克服當中的挑戰。蔡婆婆的家庭需要學習更有效地回應各成員的需要和建立正向的相處方式，以幫助長者處理哀傷的情緒和維持獨立自主的生活。

在蔡婆婆的個案中，大家可能覺得小兒子、媳婦的配合，以及編定時間表的功效很神奇。以I-FAST的理解，其中起到治療作用的並非時間表本身，而是時間表帶出了新的家人互動模式（interaction pattern）與界線，以及新的行為與理解。這正正是I-FAST的介入重點：治療是要打破家人之間維持惡性循環的互動，再建立一個適合蔡婆婆一家的的互動循環，令她既有安全感與支持，又可與家中各人重建合適的界線。關姑娘的介入則帶出了IFAST的幾個治療重點：

1. 家庭的優勢以及邀請誰去參與介入：關姑娘為蔡婆婆申請白內障手術時，留意到家人願意出席討論，這反映家人對蔡婆婆的著緊，以及願意協調的動力。媳婦是另一個協助治療蔡婆婆的動力，雖然她也受到蔡婆婆的哀傷情緒影響，但她願意投入幫助蔡婆婆，這對認定媳婦會離棄自己的蔡婆婆而言，是個極大的例外（exception），淡化蔡婆婆擔憂家人會離棄她的負面想法。

2. 家人對問題的界定（frame）：家人對蔡婆婆為何會有這些行為，可以有不同的理解。IFAST會嘗試了解各人的理解，同時選擇有助家人掌握改變主動權的理解並運用在介入當中。例如，假設家人認為蔡婆婆的行為是由性格引起，大家會對解決現況感到無助；

認為是蔡婆婆病了，也只會認為醫生才能醫好她，亦將問題個人化。然而，兒子和媳婦認為問題是來自蔡婆婆缺乏安全感，未能適應失喪後的生活，才變得依賴和難相處。I-FAST相信每個家庭都有能力去改變現況，而且會以家庭系統的觀點重新界定能夠改善的問題。關姑娘則幫助家庭成員外化（externalize）要處理的問題，將焦點從個人情緒轉變為家人相處時間計劃，增加家庭對問題的主導與掌控感。

3. 改變家庭互動的模式（pattern）：在蔡婆婆的例子中，介入可以改變三個層面的互動：對問題的看法、具體互動的行為、互動中各人的參與和位置，例如誰去回應問題，誰與誰一起等。關姑娘建議小兒子與媳婦可以製作時間表，讓蔡婆婆了解他們留在家中的日子，這個時間表改變了互動的形態：首先，互動發生在問題還未出現前，兒子與媳婦主動交代，已經令蔡婆婆感到滿足；其次，小兒子與媳婦是一致的。在此之前，蔡婆婆視小兒子與媳婦為不同個體，而小兒子是主力回應的角色。當小兒子與媳婦共同製作時間表，這令蔡婆婆知道小兒子與媳婦是一個共同體，行動一致，這亦為他們的核心家庭劃下清晰的界線。界線清晰，不單有助穩定蔡婆婆的情緒，還可改善她與媳婦的關係。與此同時，媳婦會感到有丈夫的支持，也有自己的家庭時間，便很願意配合。

　　I-FAST強調每個家庭都有自己互動的模式，並沒有一定的相處方法，重點是相應的互動可以增加家庭處理問題的彈性，從而可以更有效地面對衝擊，以及回應各人的需要。因此，IFAST根據家庭對問題的理解，設計出大家可接受的行動，然後觀察每人的反應後再去調整。結果，在蔡婆婆的例子中，以時間表帶出的新互動方式，最終令家中各人的失喪情緒得到轉化，改善了彼此的關係。

參考文獻

Amick, H. R., Gartlehner, G., Gaynes, B. N., Forneris, C., Asher, G. N., Morgan, L. C., . . . & Lohr, K. N. (2015). Comparative benefits and harms of second generation antidepressants and cognitive behavioral therapies in initial treatment of major depressive disorder: systematic review and meta-analysis. *BMJ*, 351.

Carter, B., Garcia-Preto, N., & McGoldrick, M. (2011). *The expanded family life cycle: Individual, family, and social perspectives* (4th ed.). Boston MA: Allyn & Bacon. Jayasekara, R., Procter, N., Harrison, J., Skelton, K., Hampel, S., Draper, R., & Deuter, K. (2015). Cognitive behavioural therapy for older adults with depression: a review. *Journal of Mental Health, 24*(3), 168–171.

Dubreucq, J., Plasse, J., & Franck, N. (2021). Self-stigma in serious mental illness: A systematic review of frequency, correlates, and consequences. *Schizophrenia Bulletin, 47(5)*, 1261–1287. https://doi.org/10.1093/schbul/sbaa181

Jayasekara, R., Procter, N., Harrison, J., Skelton, K., Hampel, S., Draper, R., & Deuter, K. (2015). Cognitive behavioural therapy for older adults with depression: a review. *Journal of Mental Health, 24*(3), 168–171.

National Institute for Health and Care Excellence. (2022). *Depression in adults: treatment and management*. https://www.nice.org.uk/guidance/ng222

Porges, S. W. (2001). The polyvagal theory: Phylogenetic substrates of a social nervous system. *International Journal of Psychophysiology, 42*, 123–146.

Rogers, J. P., Watson, C. J., Badenoch, J., Cross, B., Butler, M., Song, J., Hafeez, D., Morrin, H., Rengasamy. E. R., Thomas, L., Ralovska, S., Smakowski, A., Sundaram, R. D., Hunt, C. K., Lim, M. F., Aniwattanapong, D., Singh, V., Hussain, Z., Chakraborty, S,… Rooney, A. G. (2021). Neurology and neuropsychiatry of COVID-19: A systematic review and meta-analysis of the early literature reveals frequent CNS manifestations and key emerging narratives. *J Neurol Neurosurg Psychiatry, 92*(9), 932–941. doi:10.1136/jnnp-2021-326405

Segal, Z. V., Williams, J. M. G., & Teasdale, J. (2013). *Mindfulness-Based Cognitive Therapy for depression*. New York: The Guilford Press. 中譯本：辛德・西格爾、馬克・威廉斯、約翰・蒂斯岱著，石世明譯（2015）。《找回內心的寧靜：憂鬱症的正念認知療法》（第二版）。台北：心靈工坊文化。

Shi, J., Huang, A., Jia, Y., & Yang, X. (2020). Perceived stress and social support influence anxiety symptoms of Chinese family caregivers of community-dwelling older adults: a cross-sectional study. *Psychogeriatrics, 20*(4), 377–384.

Stroebe, M. & Schut, H. (1999). The dual process model of coping with bereavement: Rationale and description. *Death Studies, 23*(3), 197–224. doi:10.1080/074811899201046

Tarsitani, L., Vassalini, P., Koukopoulos, A., Borrazzo, C., Alessi, F., Di Nicolantonio, C., Serra, R., Alessandri, F., Ceccarelli, G., Mastroianni, C. M., & d'Ettorre, G. (2021). Posttraumatic stress disorder among COVID-19 survivors at 3-month follow-up after hospital discharge. *J Gen Intern Med, 36*, 1702–1707. doi:10.1007/s11606-021-06731-7